La Clé de l'énigme

ÉCOLE NOTRE-DAME
15425-91 AVENUE
EDMONTON-AB
T5R 4Z7
tél 780 484-6955   fax 780 484-7065

De la même auteure

Au-delà de l'univers, Éditions du Trécarré, 2004.

Mission périlleuse en Erianigami, Au-delà de l'univers - Tome 2, Éditions du Trécarré, 2004.

Alexandra Larochelle

La Clé de l'énigme

Au-delà de l'univers

Tome 3

Trécarré

Catalogage avant publication de Bibliothèque et Archives Canada

Larochelle, Alexandra, 1993-

La Clé de l'énigme

(Trécarré jeunesse)
Tome 3 de la série Au-delà de l'univers.
Suite de : Mission périlleuse en Erianigami.
Pour enfants de 8 ans et plus.
ISBN 2-89568-284-4
I. Titre. II. Collection.

PS8623.A76C43 2005 jC843'.6 C2005-940895-2
PS9623.A76C43 2005

Les personnages mentionnés dans ce livre ainsi que leur nom sont entièrement fictifs. Toute ressemblance avec des personnes ou noms réels n'est que pure coïncidence.

Les Éditions du Trécarré remercient le ministère du Patrimoine canadien, le Conseil des arts du Canada, la Société de développement des entreprises culturelles du Québec (SODEC) et le Programme de crédit d'impôt du Gouvernement du Québec du soutien accordé à leur programme de publication.

Conseillère littéraire :
Annie Ouellet

Mise en page :
Infograf

Illustrations :
Julie Rocheleau

ISBN : 2-89568-284-4

Dépôt légal - 2005
Bibliothèque nationale du Québec

Imprimé au Canada

Éditions du Trécarré
Groupe Librex
La Tourelle
1055, boulevard René-Lévesque Est
Bureau 800, Montréal (Québec) H2L 4S5

Distribution au Canada :
Messageries ADP
2315, rue de la Province
Longueuil (Québec) J4G 1G4
Téléphone : 450 640-1234 Sans frais : 1 800 771-3022

Alexandra Larochelle

Alexandra Larochelle est née le 5 mai 1993. Sa passion pour l'écriture émerge dès l'âge de cinq ans. Après *Au-delà de l'univers*, premier roman publié en avril 2004 à l'âge de dix ans, vendu à plusieurs milliers d'exemplaires et suivi, à l'automne 2004, du deuxième tome de la série, elle nous présente ce nouvel ouvrage fantastique, suite des deux précédents.

Malgré un emploi du temps bien rempli consacré au travail scolaire, à la lecture, aux activités sportives, à l'apprentissage du piano, aux jeux avec ses amis, à la rencontre de ses lecteurs dans les écoles, ainsi qu'à de fréquentes entrevues avec les journalistes, elle se réserve des moments privilégiés pour donner libre cours à sa passion première : l'écriture.

Remerciements

À Johanne, Jean, Martin, Annie, François, Anne, Marie-Andrée et Shannie,

Pour avoir cru en moi et fait de mon rêve une réalité,

Pour tous vos précieux conseils qui me font grandir et m'aident à me dépasser,

Pour vos encouragements si rassurants et toute la confiance que vous placez en moi,

Pour votre grand dévouement et votre gentillesse,

Pour toutes vos taquineries, vos petites attentions et vos gâteries,

Sincèrement merci à toute cette équipe extraordinaire que j'apprécie énormément !

À tante Éliette et oncle André,
que j'appelle affectueusement
« mamie » et « papi », leur soutien
et l'amour qu'ils me portent sont
si importants pour moi...

La malédiction

La nuit est calme. Le ciel est étoilé et aucun bruit ne vient briser le silence. Pourtant, je ne dors pas encore. Nous avons quitté les sirènes tôt étant donné que les Aquatisquiros, les pilules qui nous permettaient de respirer sous l'eau, ne faisaient effet que pendant deux heures. Dans les profondeurs de l'océan en compagnie des sirènes, nous pouvions respirer normalement car nous étions dans une bulle d'air, mais nous devions nous assurer que les Aquatisquiros feraient encore effet pour le trajet du retour.

Les sirènes nous ont raccompagnés jusqu'à la surface de l'eau. Elles ne nous ont pas conduits dans le petit village où nous avions laissé Stadia, Padja et Kougou mais plutôt dans une clairière. Les sirènes nous ont dit que, pour le retour vers l'Erianigami, prendre le sentier dans la forêt que nous avons traversée la première fois serait certainement plus rapide que réemprunter le pont du volcan. Cette décision m'apparaît raisonnable. Je me souviens des planches qui ont cédé sous notre poids, de Chrystal qui est presque tombée et de l'invasion des chauves-souris...

Avant de repartir, les sirènes nous ont avertis que, même si nous sommes dans la troisième dimension, une force spéciale protège cette clairière et que nous pouvons nous retourner en toute sécurité. Par contre, dès que nous arriverons à la forêt, ce champ de protection disparaîtra et il pourrait être dangereux de perdre son chemin si l'on se retourne.

Finalement, nous nous sommes installés près du lac, à l'orée de la forêt, pour passer la nuit. Nous avons mangé de la nourriture que j'avais dans mon sac et nous avons sorti les couvertures pour nous tenir au chaud.

Les deux filles dorment tandis que je pense à ce que les sirènes m'ont appris. Je retourne les mêmes phrases dans ma tête depuis quelques heures, sans pourtant y croire. Selon les sirènes, je serais l'élu de la prophétie du livre *Mémoire de notre Peuple*. Celui que tout le monde attend, celui qui viendra sauver les deuxième et troisième dimensions. Pour cela, je dois rapporter le livre *Mémoire de notre Peuple* et résoudre cette énigme impossible : « Il y a deux trésors mais une seule clé. En toi est gravé le chemin qui permet d'y accéder. Une fois la clé trouvée, dans ton esprit un trésor se sera effacé. »

J'ai beau me creuser les méninges, je ne vois vraiment rien qui ressemble à une réponse intelligente.

Demain matin, nous rentrerons au château. Les sirènes nous ont indiqué la direction. Cependant, nous ne pourrons pas revenir au Canada tant que je n'aurai pas résolu cette foutue énigme.

J'entends quelqu'un bouger derrière moi. Je n'ai pas la force de me retourner. La personne s'assied à côté de moi. Je distingue Chrystal du coin de l'œil. Elle me prend la main.

— Tu ne dors pas ? je lui demande.

— Je n'y arrive pas.

— Pourquoi ?

— Je ne me sens pas très bien, répond-elle. La tête me tourne.

— Et Lauranne ?

— Elle, elle dort. Et toi ? Pourquoi es-tu éveillé ?

— Je pense à l'énigme. Je n'ai pas de réponse et je n'arrive pas à mettre de l'ordre dans tout ça. J'ai beau essayer de mon mieux, je...

Chrystal m'interrompt en mettant une main sur mon épaule. Je constate qu'elle ne semble vraiment pas aller bien. Elle est très pâle...

— Philippe, je suis étourdie, j'ai mal au cœur !

— Étends-toi.

Elle a les lèvres blanches et elle ruisselle de sueur.

— J'ai peur, Philippe !

— Calme-toi, voyons !

Elle roule sur le côté et vomit bruyamment.

— Tu es vraiment malade. Reste là, je vais réveiller Lauranne.

— Non ! Reste avec moi ! crie-t-elle en m'attrapant la main.

— Voyons, je ne vais que réveiller ma sœur !

— Donne-moi le livre, ordonne Chrystal.

Je fouille dans mon sac et prends le précieux livre. Chrystal me l'arrache des mains et l'ouvre à une page. Ses yeux s'écarquillent et elle se met à haleter. Elle tourne les pages rapidement, les yeux exorbités. Elle lève brusquement la tête vers moi et murmure :

— Oh non ! avant de s'évanouir.

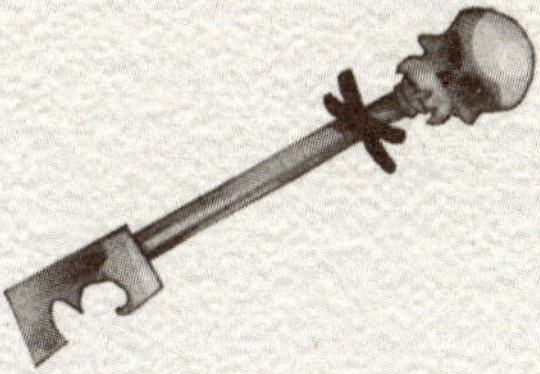

L'oubli

Mon réflexe est prévisible. Je prends le livre et l'ouvre pour voir ce qui a tant effrayé mon amoureuse. Je fixe la page presque blanche. Pourquoi a-t-elle eu si peur ? La page est presque blanche ! ? Mon Dieu ! Les mots sont presque effacés. Je m'empresse de réveiller Lauranne.

— Lauranne ! je hurle.

Elle se réveille en sursaut, accourt et voit Chrystal évanouie.

Dans mon énervement, je lui crie ce qui se passe. L'épouvante grandit sur le visage de ma sœur et elle murmure à son tour :

— Oh non !

— Quoi ? Que se passe-t-il ?

— Chrystal commence à oublier son passé ! C'est pour ça qu'elle est malade. Tu te rappelles ce que Batarax t'avait dit ? Le livre est d'une importance capitale car il raconte tout le passé des Erianigamiens et, s'ils avaient la malchance d'oublier ce passé, ils disparaîtraient. Chrystal a voulu lire le livre mais comme les lettres n'apparaissent presque plus, elle n'a pas pu le faire. Peut-être que comme Chrystal, partout dans la deuxième et la troisième dimensions, les gens commencent à être malades...

— Mais que faut-il faire ? dis-je. Pourquoi les lettres s'effacent-elles ?

— Ça, je n'en sais rien, me répond Lauranne. Commençons par essayer de la réveiller.

Mon regard se pose sur Chrystal. Sa blancheur me fait frissonner. Je pousse doucement son corps inerte. N'obtenant aucune réaction, je la secoue de plus en plus fort. Et finalement, dans mon affolement, je crie à tue-tête :

— Chrystal, Chrystal, réveille-toi ! Je t'en prie !

Elle se redresse en sursaut et me prend les épaules.

— Philippe ! Tu dois rapporter le grand livre en Erianigami. Les lettres réapparaîtront et... et... je ne sais plus ! J'oublie mon passé... Bientôt, il en sera de même pour tous les Erianigamiens. Je... bouark !

Elle vomit encore et s'essuie la bouche du revers de la main.

— C'est urgent, Philippe ! Il faut se dépêcher ! Je... Je... Bouououh !

Elle se met à pleurer. Et moi, je ne sais pas trop quoi dire. Lauranne et moi restons figés devant notre amie qui s'affole. Lauranne met une main sur mon épaule en se levant et me dit :

— Je crois que nous devrions y aller tout de suite. Si tout cela est vrai, c'est vraiment urgent.

— O.K. Allons-y. Chrystal ? Es-tu capable de te tenir debout ?

— Je... snif... je vais essayer.

Elle se redresse, ses yeux roulent deux fois dans leurs orbites et elle retombe assise.

— Non, je suis beaucoup trop étourdie.

Je prends mon sac et machinalement je me penche vers Chrystal pour l'aider. Lauranne fait de même. Chrystal passe ses bras autour de nos épaules et nous la remettons sur ses pieds. J'ai un nœud dans l'estomac en pensant au sort de Chrystal. Nous marchons en direction de la forêt.

— Rappelez-vous que le champ de protection se termine ici. Dès que nous aurons mis les pieds dans la forêt, nous ne pourrons plus nous retourner, lance ma sœur.

Bien sûr que je m'en souviens. Comment pourrais-je l'oublier après toutes les misères que nous avons eues à traverser cette forêt ? Nous nous engageons dans le sentier à tâtons, car il fait très sombre. J'entends la respiration saccadée de Chrystal. Elle se penche vers mon oreille et murmure :

— Sache que, quoi qu'il arrive, je t'aime. Promets-moi que nous serons toujours ensemble. Promets-le-moi.

— Je te le promets, lui dis-je pour la

rassurer même si je ne suis pas trop certain qu'elle soit encore longtemps avec nous.

— J'ai peur, Philippe, chuchote-t-elle encore.

— Ne t'inquiète pas, tout va bien aller, lui dis-je d'un ton que j'espère convaincant.

Dans la nuit, la forêt nous paraît plutôt menaçante. Nous entendons des craquements et apercevons des ombres étranges. Nous entendons un buisson frémir et, lorsque nous passons à côté, une voix nous fait sursauter :

— Vous revoilà enfin ! Je vous ai cherchés paaaaarrrrrtout. Ça ne se fait pas ça, s'enfuir quand quelqu'un nous parle.

Nous poussons un long soupir exaspéré.

— Naitsirk, disons-nous en chœur.

— En chair et en os ! Alors, avant que vous ne m'interrompiez en disparaissant, j'étais en train de vous indiquer la direction de la Gillbardie. J'allais aussi vous référer à certaines personnes qui pourraient...

— Monsieur Naitsirk... commence Lauranne.

— Pas maintenant, j'allais donc vous référer à certaines personnes qui...

— Mais Monsieur Naitsirk, fait Lauranne un peu plus fort.

— Non, laissez-moi finir...

— Mais nous revenons de Gillbardie, hurle Lauranne.

— Nom d'une déesse ! Vous auriez pu le dire, non ? !

— Mais c'est ce que j'essayais...

— N'essayez pas de vous trouver des excuses ! Maintenant, si vous voulez bien me pardonner, je m'en vais. Vous m'avez assez fait perdre mon temps comme ça !

Il va tourner la tête quand il aperçoit la pâleur mortelle de Chrystal. L'interrogation se lit sur son visage.

— Elle m'a l'air bien mal en point, cette petite. Qu'est-ce qu'elle a ?

Évidemment, je ne peux pas lui expliquer la vraie situation car il aurait paniqué et se serait inquiété sur son propre sort. Il aurait aussi pu nous retarder encore plus en nous disant des choses que nous savons déjà comme : « Nous allons tous disparaître ! » ou « Vous devez remettre le livre à son emplacement ! » ou encore « Bientôt les bis et tridimensionnels seront dans cet état ! »

Je lui dis donc une demi-vérité :

— Elle est malade et elle vomit sans raison.

— Oh, je vois. Vous devriez lui donner une galette volcanique. Elles ont la propriété de soulager et de guérir bien des maux. Il vous faut retourner au volcan et prendre une galette sur le bord.

Lauranne demande :

— Mais comment fait-on pour s'y rendre ?

— J'en reviens et si je ne me trompe pas, vous devez tourner tous ensemble de 90° vers l'est. Rappelez-vous que le nord est devant vous. Donc, logiquement, l'est se trouve à droite. Au revoir...

Il se retourne et disparaît. Quant à nous, nous nous tournons de 90° vers l'est. Nous nous retrouvons effectivement près du volcan, sauf qu'il est derrière nous. Nous y allons donc à reculons. Je recule lentement mon pied en m'attendant à tout moment à sentir le bois pourri du pont. Comme je ne sens toujours rien, je recule mon pied de plus en plus. Puis, je sens que Chrystal me lâche l'épaule, j'entends un cri désespéré et j'aperçois le ciel étoilé qui tourne au-dessus de moi. Avant de m'évanouir, je vois Chrystal sauter à ma suite ainsi que Lauranne qui s'élance elle aussi. Après, plus rien.

Nalkov

Une main qui passe dans mes cheveux me réveille.

— Allez, réveille-toi... Réveille-toi.

J'ouvre les yeux et découvre, est-ce possible ? Une Elfe ! Par contre, elle n'est pas comme celles que l'on voit dans les films. Elle a de longues oreilles, effectivement, mais elles sont placées comme si elles pointaient vers l'arrière de sa tête, et sa peau est bleuâtre. Je me frotte les yeux pour être certain de ne pas rêver.

— Je... je vous demande pardon mais, où suis-je ?

— Vous êtes tombé dans le volcan. Malgré votre chute au ralenti, votre corps a dû frapper certains obstacles, ce qui vous a fait perdre conscience.

— Quoi ! ? Je suis dans le volcan ?

— Effectivement.

— Mais vous, pourquoi êtes-vous ici ?

— Regardez autour de vous.

Je me redresse et je reste bouche bée. Des wagons circulent dans des grottes de terre éclairées par des torches. Des centaines d'Elfes comme elle et des Nains à queue poilue et aux pattes palmées se promènent avec des blocs d'or. Je suis dans une mine ! Devant ce décor féerique, je ne peux m'empêcher de m'exclamer :

— Wow !

— Bienvenue à Nalkov ! Rares sont ceux qui connaissent cette merveilleuse cité car les Nains et les Elfes sont des créatures menacées. Nous sommes des êtres paisibles et nous offrons plus que nous recevons. Mais dis-moi, es-tu un allié des pirates ?

— Jamais de la vie ! J'ai eu affaire quelques fois avec ces escrocs. Je peux vous certifier que s'il y a une personne qui déteste les pirates dans cette mine, c'est bien moi !

— Ils ne sont pas près de faire la paix. Ils savent que nous les craignons et ils en sont fort satisfaits. Malgré toutes les précautions que nous prenons pour assurer notre sécurité, nous redoutons le jour où les pirates nous envahiront.

— C'est horrible ! je m'exclame. Vous ne vivrez donc jamais paisiblement ?

L'Elfe a l'air pensif. Durant quelques

secondes, elle me considère gravement. Puis, elle secoue la tête.

— D'où viens-tu ?

— C'est une bien longue histoire...

Une voix joyeuse m'interrompt :

— Philippe !

Chrystal ! Je l'avais complètement oubliée. Je me lève et cours me jeter dans les bras de mon amoureuse ! Nous nous étreignons pendant environ cinq secondes. Nous nous éloignons et nous regardons comme si nous ne nous étions pas vus depuis des années. Elle me retombe dans les bras.

— Si tu savais combien j'ai eu peur ! me dit Chrystal.

Je redresse la tête de son épaule pour la regarder. Une larme coule sur sa joue. Je l'essuie et la rassure :

— C'est fini maintenant.

Ensuite, pour changer de sujet, je lui dis :

— Tu m'as l'air en bien meilleure forme.

— Oh oui ! J'ai pris une galette volcanique et je me sens beaucoup mieux ! Par contre, il ne faudrait pas trop tarder, car l'effet de la galette ne dure qu'un certain temps. Et toi ? Comment te sens-tu ?

— Ça va. Je suis...

— Salut Philippe ! dit Lauranne qui arrive.

Je la serre, elle aussi, dans mes bras. Je lui demande :

— Ça va ?

— Oui. Je vous ai aidés, Chrystal et toi, à ralentir votre chute en faisant appel à la télékinésie. Je suis contente de voir que nous sommes tous sains et saufs.

L'Elfe me fait signe de m'approcher. J'obéis.

— Nous allons prendre une pause. Voudrais-tu nous raconter ton histoire ?

— Avec plaisir, mais tout d'abord, pourrais-je savoir votre nom ?

— Appelle-moi Lokla, répond-elle.

Lokla prend un bâton et frappe sur un gros gong. Tout le monde se retourne vers elle.

— Nous avons trois nouveaux arrivants. Ils viennent de loin. Ils vont nous raconter leur histoire. Ça vous chante ?

— Bien sûr, répondent en chœur les habitants de Nalkov.

Tout le monde prend un tonneau et s'assoit dessus, prêt à écouter. Moi, je commence mon récit :

— Bien, je viens de la première dimension et...

À partir de cette phrase, ils sont déjà pendus à mes lèvres. J'entends certains murmurer :

— Première dimension ?

— A-t-il vraiment dit ça ?

Je poursuis mon récit. Puis, je m'arrête pour laisser l'occasion aux deux filles de parler.

À la fin, personne ne bouge. Ils nous regardent tous avec des yeux ronds comme des 2 dollars. Ce silence se prolonge environ 5 secondes. Après ce délai qui me paraît interminable, toutes les créatures se mettent à applaudir et à crier. Cette euphorie dure à peu près une minute. À la fin, Lokla nous propose de visiter la mine. Évidemment, nous acceptons. Elle nous fait asseoir dans un petit wagon qui s'enfonce dans une grotte. En chemin, elle nous parle un peu des Nalkoviens :

— Nous produisons les plus belles richesses, mais les pirates veulent nous les voler. Nous ne pouvons donc pas rester à découvert. En fait, nous contribuons secrètement à la bonne qualité de la terre pour faciliter la culture. Nous utilisons les richesses du volcan, comme la lave, pour remplir la terre de bonnes protéines. De plus, les habitants qui vivent tout autour de Nalkov dégagent une molécule appelée Lacine. Cette molécule est absorbée par le volcan. Au contact du minerai que nous extrayons du volcan, qui est l'or, la Lacine produit une réaction chimique. Celle-ci crée un gaz nommé Santile qui retourne dans l'atmosphère. Il permet à ceux qui le respirent d'être plus en santé. Nous extrayons donc l'or pour le bien-être du peuple, mais les pirates le veulent et nous cherchent. Imaginez la conséquence sur les peuples voisins. Les pirates ont déjà tué plusieurs de nos pairs pour avoir nos richesses.

Lorsque le wagon s'arrête, Lokla nous aide à débarquer et nous dit de fermer les yeux. Nous entendons une porte grincer puis des bruits de ruisseau et d'oiseaux, comme dans un jardin. Elle nous pousse un peu pour que nous avancions. Nous sentons de l'herbe sous nos pieds et une brise nous caresse le visage. Lokla nous autorise à ouvrir les yeux. Nous restons abasourdis.

Les démonanges

On a l'impression d'être au paradis ! Nous sommes sur de l'herbe verte, une rivière coule près de nous, il y a une chute un peu plus loin, des saules s'étendent à perte de vue. Les oiseaux gazouillent et une fontaine chante.

— Vous voici dans le jardin secret de Nalkov ! déclare fièrement Lokla. Venez, les démonanges se cachent dans cette grotte !

— Les quoi ? demande Lauranne.

— Les démonanges.

Intrigués, nous suivons Lokla vers la

grotte désignée. Lorsque nous arrivons à l'intérieur, Lokla s'inquiète :

— Mais... Mais où sont-elles ? Je... Ce n'est pas possible !

— Que se passe-t-il ? demande Chrystal.

— Les démonanges ont disparu !

Une lumière que je vois du coin de l'œil m'éblouit. C'est très agaçant. J'essaie de me tourner et de regarder ailleurs, mais elle est toujours dans mon champ de vision, je n'arrive pas à m'en débarrasser. Je secoue la tête pour faire disparaître cette sensation désagréable, me retourne rapidement et aperçois une lame d'épée cachée derrière une roche. Et qui dit épée dit pirate... Je vois aussi un chapeau, un œil masqué par un bandeau noir, un nez, une bouche, une barbe et puis, finalement, un pirate tout entier. Je reconnais le chef avec qui je me suis battu il n'y a pas si longtemps. Il essayait d'attirer mon attention en utilisant le reflet du soleil pour m'éblouir avec son épée.

— Encore vous ! je m'écrie.

Les trois filles, qui n'avaient rien remarqué, se retournent immédiatement. En découvrant le pirate, Lokla pousse un affreux cri de mort. Le pirate me regarde, la fureur dans les yeux.

— Comme on se retrouve ! me lance-t-il. Malheureusement, je crois que tu me vois en personne pour la dernière fois.

Voyant mon air interrogateur, il continue :

— Parce que bientôt tu me verras de là-haut... lance-t-il en pointant le ciel et en brandissant son épée, un sourire sadique au coin des lèvres. J'ai beaucoup moins de pirates dans mon clan depuis que... cette... cette chose, fait-il en indiquant Chrystal du menton, s'est transformée en eau sèche pour nous exterminer quand vous êtes descendus du *bateau des aventuriers*. De ma vie, cet échec aura été mon dernier.

Il lève bien haut son épée. Moi, je ferme mes deux poings, prêt à frapper. Chrystal crie :

— Non, Philippe ! Ne fais pas ça !

Elle veut courir mais Lauranne la retient.

— Laisse-le faire ! lui dit-elle.

Chrystal essaie encore de me convaincre :

— Il est bien plus fort que toi ! Laisse tomber.

Je me retourne vers elle et lui jette un regard d'adieu.

Puis soudain, un affreux mal de tête me

martèle les tempes et j'ai une vision ! Je murmure avec espoir :

— La force du cœur...

Puis je me retourne vers le pirate. Il me demande :

— Prêt ?

Et avant même que je réponde, il fonce sur moi en hurlant de rage. Je m'élance aussi sur lui mais sans épée. Nous roulons ensemble sur le sol. Je me retrouve sur le dos, le pirate au-dessus de moi qui m'immobilise d'une main et pointe son épée sur ma gorge de l'autre. Je ruisselle de sueur et ma respiration est irrégulière. Tout se passe au ralenti. Je vois Chrystal qui hurle, pleure et essaie de venir à mon secours. Je vois Lauranne qui la retient. Les bruits me semblent très lointains. Je suis pris de nausées. Ma vue s'embrouille comme si j'avais les yeux pleins d'eau. Sauf que je ne pleure pas. Je ne ressens rien. Je n'ai pas peur de mourir. Je passe en revue tous les bons moments de ma vie. Je me sens tellement fatigué ! Je ferme les yeux et sens la main du pirate me lâcher. Une douleur aiguë me traverse la tête. Je ne crie pas. Je n'entends plus rien. Je suis... mort.

La force du cœur

Une main dans la mienne me fait revenir à moi. J'ouvre les yeux et vois Chrystal au-dessus de moi. Elle a les yeux rouges et gonflés : difficile de cacher qu'elle a beaucoup pleuré. En me voyant ouvrir les yeux, elle pousse un soupir de soulagement et sourit. Elle se retourne vers Lokla et Lauranne et s'écrie :

— Il est vivant !

Elles s'approchent de moi avec un sourire. Je leur souris aussi. Je repense au combat et mon sourire s'efface.

— Que s'est-il passé ? dis-je.

— Il a quitté ce monde, répond Lauranne.

— Où est-il alors ?

— L'enfer, ça te dit quelque chose ? ajoute ma sœur encore plus souriante.

— Qui l'a tué ?

— Toi, répond Lokla.

— Moi ? J'ai fait ça ?

— Tu l'as dit toi-même : la force du cœur. Par ton courage, ton intelligence et surtout par la force de ton cœur, tu l'as anéanti !

— Je... Je ne sais vraiment pas quoi dire !

— Moi, je sais quoi dire ! assure Lauranne. Bravo !

— Oui, félicitations !

— Mais comment ça s'est passé ?

Lauranne me raconte :

— Il te tenait par la gorge, tu étais

tout rouge et tu tremblais de tout ton corps. Tu as fermé les yeux et cessé de te débattre. Nous croyions que tu venais de perdre la vie lorsque le pirate t'a soudainement lâché, comme repoussé par quelque chose de très fort. Il s'est levé et s'est plié en deux, les mains sur le ventre. Enfin, il s'est mis à léviter, le visage tordu par la douleur. Tout raide, il s'est pris la tête à deux mains en gémissant, puis il est tombé en poussière.

Je demande :

— Mais qu'est-ce que la force du cœur ?

— La force du cœur, c'est l'amour... explique Lokla. L'amour, c'est plus fort que tout ce que tu peux imaginer. Tu as le cœur pur, cette force est donc décuplée.

J'ai l'impression d'avoir trouvé un premier

morceau de l'étrange casse-tête qu'est l'énigme que je dois résoudre...

Soudain, je déclare, en me remettant debout :

— Il ne faudrait pas oublier qu'on a une mission à accomplir !

— Mais les démonanges ?

— Nous devons retourner dans le volcan pour voir si les autres n'auraient pas découvert des indices.

Nous nous mettons en route. Lokla ouvre la porte par laquelle nous sommes entrés dans le jardin et nous embarquons dans le wagon.

Elle tire le levier qui devrait nous permettre normalement – et je dis bien normalement – d'avancer, mais le wagon ne bouge pas d'un centimètre. Lokla descend du wagon et regarde dessous pour voir ce qui l'empêche d'avancer. Elle se penche et se relève rapidement avec un air de chien battu, tenant dans sa main un collier à médaillon sur lequel on peut lire « Lambie ».

— C'est ça qui bloquait le levier. C'est le collier d'une de mes démonanges. Les pirates sont certainement passés par ici. Espérons que nous retrouverons le peuple tout entier.

Elle rembarque dans le wagon qui avance enfin. Puis tout à coup, sans prévenir, Chrystal se penche par-dessus bord et vomit.

— Oh non ! Elle recommence à être malade !

— Au retour, nous lui donnerons une galette volcanique, répond Lokla.

À notre arrivée, un spectacle déchirant

s'offre à nous. Tous les habitants (du moins, ce qu'il en reste) sont assis sur des tonneaux et pleurent en silence. Nous restons là, Lauranne, Chrystal, Lokla et moi sans bouger, sans savoir quoi faire. Après une minute ou deux, j'aimerais qu'on nous remarque, alors je me racle la gorge. Un vieux Nain se tourne vers moi et me regarde avec ses beaux grands yeux bleus, son visage ridé tordu par la tristesse. Devant tant de souffrance, il est difficile de retenir ses larmes.

D'une voix un peu tremblotante et mal assurée, je chuchote :

— Que se passe-t-il ?

— Ils sont venus, répond-il.

Je sais très bien de qui il parle. Il continue :

— Ils ont pris 32 Nalkoviens, tout notre

or et nos démonanges. Ils ont aussi détruit plusieurs salles.

Le vieillard se met debout, lève ses bras vers le ciel et hurle sa rage à pleins poumons. Il tombe à genoux et se remet à pleurer. Lokla aussi s'effondre et pleure silencieusement. Lauranne pose une main compatissante sur son épaule. Chrystal cache son visage un peu pâle au creux de mon épaule et je l'entoure de mon bras. Je me dis qu'il faudrait peut-être agir.

Comme si elle lisait dans mes pensées, une Elfe me dit :

— Il ne nous reste qu'une richesse : une épée d'or.

— Où est-elle ?

L'Elfe se lève et va ouvrir une boîte cachée sous une petite butte de terre. Elle en ressort l'épée en question et me la tend. Je la prends et l'examine un moment.

J'avance d'un pas et demande, sûr de moi :

— Où sont-ils ? Où sont les pirates ?

Lauranne me regarde comme si j'étais devenu fou.

— Mais voyons, Phil ! Tu n'iras pas encore te battre ! Tu es bien assez faible comme ça !

Je détourne le regard et je redemande un peu plus fort :

— Où sont-ils ?

Les habitants cessent tous de pleurer et me considèrent, ahuris. Voyant que ma question reste sans réponse, je m'impatiente :

— Alors, ça vient ? Où sont-ils ?

Une Elfe me répond :

— Tu es bien courageux, mais ils sont armés.

— Moi aussi.

— Mais ils ont plus qu'une épée d'or.

— Oh, vous savez, elle ne me sera pas très utile. Peut-être qu'elle me servira à parer quelques coups, rien de plus. Car ce combat, je le gagnerai sans épée.

Je me retourne vers Lauranne, Chrystal et Lokla. Elles me sourient, l'air confiant, comme si elles devinaient mon idée.

— Je vais manger et me reposer pour partir dès l'aube demain. J'irai porter le grand livre à son emplacement et après, j'irai chercher le reste de votre peuple, l'or et les démonanges chez les pirates. Je les trouverai sûrement dans leur repaire, ces escrocs.

Le départ

Il est environ 4 heures du matin. Je me réveille et me dirige vers la salle à manger. Je suis perdu dans mes pensées. Je songe à Chrystal qui redevient malade. Il faut que je me dépêche de rapporter le livre ! J'aperçois un petit attroupement dans la chambre de Chrystal. Je m'avance pour voir ce qui se passe. Mon cœur fait un bond lorsque je découvre mon amoureuse, pâle comme un linge, penchée au-dessus d'une chaudière.

— Que se passe-t-il ? je demande

machinalement en connaissant très bien la réponse.

— Elle est malade, me répond un petit Nain près d'elle.

— Pourquoi est-ce qu'on ne lui donne pas une autre galette volcanique ?

— La production de galette a été arrêtée hier étant donné que nous n'avons plus d'or. La lave, en étant mélangée avec une parcelle d'or, produit une réaction qui fait d'elle un médicament très efficace. Nous lui avons donné notre dernière galette volcanique hier. Évidemment, nous n'imaginions pas qu'elle était si malade. Nous pensions que la galette aurait fait effet plus longtemps.

Je m'approche de Chrystal. Elle me regarde, la peur dans les yeux. J'essaie de la rassurer :

— Ne t'inquiète pas. Je pars dès maintenant. J'irai reporter le livre à sa place, je délivrerai le peuple de Nalkov et je rapporterai l'or.

Elle s'efforce de sourire mais son visage se tort en une expression de dégoût et elle vomit. Tous reculent d'un pas, sauf moi, évidemment. Je dois me résigner au fait que j'accomplirai le reste de ma mission seul. Pendant ce temps, les créatures reprendront leur travail minier et ma sœur veillera sur Chrystal. Je pousse un soupir et me relève en prenant conscience du temps qui file à toute allure.

— Pouvez-vous me donner quelque chose à manger ? Je dois partir au plus vite.

J'avale un petit-déjeuner qui serait délicieux si je n'étais pas si préoccupé. Je vais dire au revoir à tout le monde, je fais un détour très spécial pour Chrystal et ensuite je me rends auprès de Lauranne et Lokla. Lauranne me serre dans ses bras, puis elle essuie une larme qui coule sur sa joue. Elle me souhaite bonne chance. Je prends mon sac à dos, m'assure d'avoir assez de nourriture et vérifie quelques effets essentiels. Tout est parfait. Lokla me guide alors jusqu'au tunnel qui me permet de sortir du volcan. D'en haut, j'entends des messages d'adieux :

— Au revoir !

— Bonne chance !

— Sois prudent !

Un sanglot me monte dans la gorge. Mais, orgueilleux comme je suis, je me retiens pour ne pas pleurer. Je dois me rappeler que je suis toujours dans la troisième dimension. Je ne peux donc pas tourner la tête. Je marche en silence durant des heures, en regardant droit devant moi. Une voix joyeuse me fait sursauter.

— Comment ça s'est passé ? Avez-vous découvert le peuple de Nalkov ?

Cette fois, je suis heureux de rencontrer Naitsirk. Je pense me retourner pour jaser un peu avec lui mais je me retiens, de peur de perdre mon chemin. Je me résigne à parler sans voir mon interlocuteur. Je raconte toute l'histoire de Nalkov. Je termine en lui disant un gros merci pour le conseil des galettes volcaniques. Il ne me répond pas. Par contre, je l'entends marcher et arriver à ma hauteur. Je ne peux pas me tourner vers lui, mais je le regarde du coin de l'œil. Il ferme sa main gauche et appuie sa main droite, les doigts allongés, sur son poing. Il me dit de toujours me rappeler ce signe, quoi qu'il arrive. Je veux en savoir plus mais il me souhaite bonne chance et se retourne. Je reste songeur un moment, puis je continue ma route.

J'avance encore sans bruit durant près de deux heures. J'arrive finalement à l'endroit où je me suis battu avec les pirates pour la deuxième fois. Je suis donc sorti de la troisième dimension. Je peux maintenant me retourner sans problème. Me voilà à l'endroit où nous avions débarqué du *bateau des aventuriers*. Je continue d'avancer jusqu'à la rivière qui était de limonade il y a quelques jours. Je m'agenouille pour m'asperger le visage. C'est à ce moment que je réalise la gravité de la situation. Il m'a été très facile d'arriver ici car j'étais en bateau. J'étais en bateau !

Je n'ai plus de moyen de transport pour revenir à mon point de départ ! Je commence à m'énerver. Je regarde autour de moi et je ne vois aucune autre solution que de revenir à la nage, ce qui doit être très dangereux. Qui sait ce qui se cache dans ces eaux marécageuses... Une grosse voix m'interrompt dans ma panique :

— Des problèmes ?

Je me retourne et aperçois un horrible monstre ! Je pousse un grand cri, je recule et je tombe dans l'eau. Je sens quelque chose me frôler la jambe, je me débats en hurlant. Le monstre se lève, ce qui me fait crier encore plus. Il s'approche de moi la gueule grande ouverte. J'essaie de m'éloigner de lui, mais je cale dans la boue. J'agite mes bras en tous sens en criant à l'aide. Il se penche vers moi et je l'asperge d'eau. Il s'approche encore plus près. Je hurle :

— Quelqu'un, aidez-moi !

Je peux sentir l'haleine chaude du monstre sur mon visage. Mes pieds englués ainsi dans le fond de l'eau, je ne peux plus me sauver. Je pense à mes parents, à Lauranne et à ma belle Chrystal. Les yeux fermés, j'attends de sentir les dents de la créature s'enfoncer dans ma chair.

Finalement, je suis agrippé par le chandail et soulevé dans les airs. Je pense :

— Ça y est... C'est la fin...

Puis, je sens la terre ferme sous mes pieds. J'ouvre les yeux. Une forte lumière m'éblouit. Je vois la lumière bouger, puis elle s'éteint. Je réalise que c'est en fait le soleil qui se reflète sur les écailles d'or d'un immense dragon.

Je le regarde, la bouche grande ouverte. Il a de longues ailes osseuses, une petite bosse au front et une énorme gueule. J'essaie de crier, mais aucun son ne sort. Je commence à me sentir étourdi et à avoir très chaud. Mes jambes ramollissent et tremblent de façon incontrôlable. Je n'ai plus de force et je m'effondre sur le sol.

Ma conscience

J'ouvre les yeux et je vois une griffe. Je pousse un hurlement.

Le dragon me dit sur un ton moqueur :

— Il faut te calmer, voyons !

Il parle ? Je me frotte les yeux pour être certain de ne pas rêver. Je finis par articuler :

— Que faites-vous ici ?

— J'habite avec toi depuis toujours. Sauf que tu ne me voyais pas. Tu viens de m'ouvrir ton esprit.

— Je ne comprends pas.

— Les dragons sont des créatures présentes dans tout l'univers. Certaines personnes arrivent à nous voir et d'autres non. Tu avais besoin de quelqu'un et tu l'as accepté. Certains sont trop orgueilleux pour réaliser qu'ils ont besoin d'aide.

— Pourtant, c'est depuis le début de ma mission que j'ai besoin d'aide !

— Tu croyais avoir besoin d'aide mais tu avais toutes les ressources nécessaires, jusqu'à maintenant. Ici, tu ne peux plus continuer seul. Tu m'as demandé de l'aide et tu avais raison. J'ai suivi tes moindres mouvements depuis le début, mais je ne peux intervenir que lorsqu'il n'y a plus d'issue. Je suis né en même temps que toi et j'ai grandi avec toi. Je suis comme une sorte de conscience. Maintenant, grimpe.

Je m'exécute en m'accrochant aux

grosses écailles de sa colonne vertébrale. Lorsqu'il se lève, j'ai l'impression de monter dix étages à la vitesse d'un éclair.

— Woh ! je m'exclame.

Le dragon se met à rire.

— Accroche-toi bien, c'est parti !

En deux battements d'ailes, nous sommes déjà très haut dans les airs. Je me mets à hurler à pleins poumons. Je me sens tellement bien !

Après une quinzaine de minutes, le dragon m'avertit que nous allons nous poser. Il commence à planer et puis, boum ! il atterrit, ce qui me fait bondir d'au moins deux mètres.

— Dis donc ! Tu n'es pas très délicat ! dis-je.

Il rit encore. Ensuite, il m'annonce qu'il doit partir, car je n'ai plus besoin d'aide pour le moment. Je veux lui dire au revoir et merci, mais il s'est déjà volatilisé.

Je me retrouve seul à me demander si je n'ai pas imaginé tout ça. Peu importe, je suis de l'autre côté du fleuve, et c'est ce qui compte ! Je reconnais une partie du sentier qui m'a permis de me rendre sur l'Île aux pirates. Je continue en sens inverse pour aller au château. J'irai porter le livre à Batarax et Mico, et ensuite délivrer les pauvres Nalkoviens et démonanges prisonniers des pirates et reprendre l'or. Le dragon reviendra sûrement m'aider pour parcourir le chemin du retour.

J'arrive au village que j'ai traversé en sortant du château. Jadis, il était très animé, mais aujourd'hui il est curieusement désert. Je perçois toutefois une faible voix. Je continue d'avancer. La plainte s'amplifie.

J'arrive dans un petit boisé. Je trouve une femme, assise par terre, pâle comme la mort, les yeux fermés et qui récite une sorte de prière que je ne comprends pas. Je me racle la gorge, pour qu'elle m'aperçoive. Sans succès. Je lui donne une petite tape sur l'épaule. Elle ouvre les yeux et, d'une voix faible, elle me supplie :

— Sauve-nous ! S'il te plaît !

Sa voix devient rauque et grave.

— Sauve-nous ! Aide-nous ! Nous oublions !

Elle se lève et se met à marcher vers moi, en titubant, une main devant elle pour m'agripper. Je recule et, malheur ! je tombe sur le derrière. La femme m'attrape par le chandail et me soulève. Son visage se rapproche du mien et elle hurle :

— Vite, nous oublions ! Aide-nous !

J'ai l'impression que ses yeux globuleux vont sortir de leurs orbites. Je me dégage de sa main crochue et je détale. Je ne sais pas où je vais mais je cours ! Elle perd la raison, cette femme. Et bientôt, il en sera de même pour Chrystal ! Il faut absolument que j'arrive à trouver Batarax et Mico. Ils pourront m'aider s'ils ne sont pas déjà dans cet état ! Je sors du village et je continue de courir en direction du château. Je constate qu'à l'endroit où il devrait se situer, ne se trouvent maintenant que des ruines. Je m'approche des décombres. Parmi celles-ci, je trouve un morceau de métal, ou plus précisément un bout d'épée. Les pirates sont forcément passés par ici. Ils ont probablement détruit le château pour chercher le livre *Mémoire de notre Peuple* que je leur ai dérobé.

Le désespoir s'empare de moi. Je me remets à courir, sans savoir où je vais. Une atmosphère macabre règne. Je cours encore. Je m'égratigne les mains et déchire mon pantalon en passant près des rosiers, mais ça ne me dérange pas. La vie de tout un peuple dépend de moi. J'entends les branches craquer sous mes pas. Je trébuche contre une racine. Je roule sur le côté et me relève. Je continue ma course. Mon visage ruisselle de larmes. Mes mains sont toutes craquées et pleines de sang. Après environ 5 minutes de course, je distingue un grand temple au loin. Je ralentis pour reprendre mon souffle et je finis le chemin en marchant, le dos courbé par la fatigue. Je pousse la lourde porte.

Le temple

L'espoir de trouver les Erianigamiens s'empare de moi. J'entre dans la pièce, rempli d'énergie. Arrivé à l'intérieur, mon cœur se démolit : personne. L'unique pièce est blanche et presque vide ; le seul objet qui la meuble est un lutrin. Je m'avance vers lui. Je caresse son bois lisse du bout des doigts. J'essuie la poussière qui recouvre une écriture gravée dans le bois. Je parviens à lire : Mémoire de notre Peuple. Mon cœur fait un bond. Je m'empresse de prendre le livre dans mon sac. Je le dépose délicatement sur son socle. Soudain, des étincelles s'échappent du livre et dansent autour du lutrin. Une grande fatigue m'envahit, je tombe allongé sur le dos. Le plafond du temple se met à tourner. J'entends... un chant... et des voix. Il y a des femmes, des enfants et des hommes. Ils crient mon nom, comme pour couvrir le bruit des tam-tams. Ce que j'arrive à percevoir c'est :

— Philippe ! Philippe ! Nous serons libres ! Tu nous libéreras... Nous serons libres ! Guérison... Libres... Libres !

Je me réveille en sursaut. Je suis toujours dans le temple. Je murmure :

— Ils seront libres... Je les libérerai...

Chrystal apparaît dans mon esprit. Je vois son visage pâle. Je me tourne vers le livre et je souris. Elle est guérie...

Je sors à la course. Je hurle à gorge déployée :

— Vous êtes guéris !

Je retourne au petit village. Je continue à hurler. Les lumières s'allument et quelques personnes sortent. Je leur annonce :

— Le livre est revenu. Vous êtes guéris !

Ils se mettent tous à s'exclamer :

— Le livre ! Il est revenu ?

Malgré leur grande faiblesse, ils sortent de leurs maisons et se dirigent vers le temple. Je sens une main sur mon épaule. Je me retourne et vois la dame que j'ai rencontrée plus tôt. Je ne peux m'empêcher de pousser un petit cri. D'une voix faible, elle me dit :

— Tu nous as sauvés... Merci... Merci infiniment...

Je lui souris et lui réponds :

— Allez-y ! Allez vous rafraîchir la mémoire !

Elle s'incline poliment et va rejoindre les autres.

Et moi, je suis heureux. Une mission de moins ! Je fais demi-tour en direction du repaire des pirates. Je puise toute l'énergie qui reste au fond de moi et je cours encore. Mais cette fois, j'ai espoir de retrouver les Nalkoviens vivants.

Après quelques heures de marche, je distingue enfin le grand cabanon recouvert d'insectes ainsi que les deux idiots de garde. Je ne peux plus utiliser la bague qui me permettait de me métamorphoser car je l'ai déjà utilisée trois fois. Par contre, j'ai du courage à revendre. Je m'avance vers les deux pirates tout en me remémorant le mot de passe : crochet. Je constate qu'ils sont saouls. Lorsqu'ils me remarquent, le plus laid s'approche de moi.

— Hé, j'ai… hé ! hé ! le mot… de passe ! Ha ! Ha ! Ha ! Mot de passe, mot passe ! Hi ! Hi !

— Crochet.

L'autre, c'est-à-dire Bott, me répond :

— Allez ! Hi ! Hi ! Entre !

Et ils me laissent passer. Ensuite, ils se remettent à rire et à imiter les oiseaux.

À l'intérieur, je découvre plein de pirates assis à table, en train de boire une sorte de pâte liquide brunâtre qui me semble plus ou moins appétissante. Il commence déjà à faire nuit. C'est probablement l'heure où ils font la fête. Je me tourne vers la porte où Lauranne avait été enfermée il n'y a pas très longtemps. Maintenant, c'est au tour d'une partie du peuple de Nalkov d'y être.

L'or doit se trouver avec eux. Il serait surprenant que les démonanges le soient aussi, c'est trop petit. Elles sont peut-être quelque part à l'extérieur du repaire. Un pirate me surprend dans mes réflexions.

— Tiens, tiens... Un nouveau venu ? Serait-il ici pour dire au revoir à ses amis les Nalkoviens ?

Je me retourne et dis bien fort pour que tout le monde m'entende :

— Je viens prendre ma revanche !

— Il vient prendre sa revanche !

Tous s'esclaffent. Le pirate continue :

— Je suis le chef ici. Tu ne peux rien contre moi ! J'ai toujours été le chef !

— C'est faux ! Vous êtes le chef seulement depuis que j'ai tué l'ancien !

Le pirate serre les dents. Je poursuis :

— D'ailleurs, vous rappelez-vous le jour

où un nouveau pirate est entré et l'a humilié devant tous les autres ? Hé bien, c'était moi !

— C'est donc toi qui nous a volé le livre ! À cause de toi, 20 de mes pirates sont malades ! Tu ne t'en tireras pas aussi facilement !

— On verra.

— Tu n'as qu'une épée et elle n'est pas aussi bonne que la mienne.

— Je n'ai pas d'épée, dis-je en la prenant et en la jetant au loin.

— Ha ! Ha ! Ha ! Il croit pouvoir me battre sans épée !

— Bien sûr.

En disant cela, je puise toute la force qu'il me reste et pense à Chrystal, celle qui, depuis plusieurs jours, me donne le goût de me surpasser. La force de l'amour m'emplit.

Je repense aux paroles de Lokla : « L'amour est plus fort que tout ce que tu peux imaginer. »

Tout à coup, tout défile devant moi au ralenti : je vois le chef qui donne de grands coups d'épée dans le vide sans réussir à me toucher. J'avance vers lui et il essaie toujours de m'atteindre sans succès. Je lève le bras et je vois son épée se plier en deux et casser d'un coup sec. Puis le chef tombe par terre. Je vois tout comme dans un miroir déformant. Puis tous les pirates courent vers moi, prêts à attaquer, mais personne ne me touche. Personne ne peut me toucher.

Je vois qu'ils crient, mais leurs hurlements me semblent très lointains. Puis, je porte la main devant moi. Ils semblent tous repoussés par une force surnaturelle.

Tandis que je me dirige vers la porte au fond de la salle, je jette un coup d'œil aux pirates toujours déconcertés par ce qui vient d'arriver. Dans la petite pièce, je trouve les Nalkoviens ainsi qu'un coffre rempli de leur or. Je leur demande de sortir et d'apporter leur coffre.

Le chef, encore par terre, me regarde l'air ahuri comme si j'étais un extraterrestre. Un gros pirate dans la foule hurle :

— Attrapez-les !

Tous s'élancent, mais le chef leur fait signe de se rasseoir. Ils protestent, mais il les dévisage avec un regard tellement furieux que personne n'ose bouger.

Je réalise une fois de plus que la force du cœur l'emporte sur le mal et que cette force a un pouvoir inimaginable.

Les Nalkoviens et moi nous emparons

des démonanges qui étaient prisonnières derrière le repaire. Ce sont des créatures très spéciales. Elles ont quatre pattes d'oiseaux, un corps de cheval recouvert d'une belle fourrure dorée, de beaux grands yeux doux et inoffensifs et des ailes noires, un peu comme celles d'un diable. Les Nalkoviens m'ont informé aussi qu'elles crachent du feu. Les démonanges sont des créatures très fortes ; c'est pourquoi nous avons pu monter plusieurs personnes sur chacune d'elles.

Je suis sale, je transpire et je saigne d'un peu partout mais je suis très content. J'ai hâte de revoir Lauranne et Chrystal. J'espère que mon amoureuse se porte mieux.

Comme les démonanges ont des ailes, ce sont elles qui nous transportent jusqu'à

Nalkov. Le dragon ne reviendra donc pas. Le trajet se fait silencieusement car nous sommes trop absorbés dans nos pensées. Je pense à Naitsirk. Je crois que le signe qu'il m'a appris servira à résoudre une partie de l'énigme. Je sens que je suis près de la réponse...

Je suis fier de ma réussite. Nous pourrons bientôt rentrer chez nous.

Un moment magique

En nous voyant entrer dans le volcan, quelqu'un pousse un grand cri de joie, rapidement imité par tout le monde. Poignées de main et accolades sont échangées. On dirait qu'ils ne se sont pas vus depuis des siècles ! Lauranne arrive à ma rencontre et elle me serre dans ses bras. Je remarque son air triste.

— Que se passe-t-il ?

— Rien.

— Tu n'as pas l'air dans ton assiette.

— Non, ça va.

— Et Chrystal ?

Son visage s'assombrit. Elle répète :

— Chrystal ?

— Oui, Chrystal.

Les Nalkoviens cessent de parler. Ils nous regardent. Lauranne baisse la tête. Je demande :

— Est-ce qu'elle va bien ?

— Tu sais, elle n'était pas en très bonne forme car elle oubliait son passé et...

— Dis-moi ce qui se passe !

— En fait, elle est comme dans une sorte de coma. Elle ouvre parfois les yeux, mais elle se rendort très vite. Philippe, je crois que ses jours sont comptés.

— Où est-elle ?

— Dans sa chambre.

J'y cours. En entrant, je la vois, couchée dans son lit, complètement livide. Je pose ma main sur son cœur pour constater qu'il ne bat presque plus. Je ne peux m'empêcher de murmurer :

— Non…

Et je me mets à pleurer en lui tenant la main. Lauranne arrive et m'entoure de son bras. Elle partage ma peine. Je lui demande :

— Elle ne va pas mourir, hein ? Dis-moi qu'elle ne mourra pas.

— J'aimerais te dire que tu as raison, mais…

— Ce n'est pas juste !

— Je sais.

Je serre Chrystal dans mes bras, en pleurant. Je lui caresse les cheveux et, tout doucement, je l'embrasse sur le front, ce qui lui fait ouvrir les yeux et elle sourit, ce qu'elle n'a pas fait depuis longtemps. Elle est très faible, mais elle parvient à murmurer :

— Tu es revenu…

Je continue de pleurer. Elle me demande d'une voix épuisée :

— As-tu rapporté le livre ?

— Oui.

— J'aimerais aller le lire...

Aussitôt, je me lève et je vais demander à Lokla si nous pourrions prendre deux démonanges. Elle acquiesce. Je monte sur l'une d'elles. J'aide Lauranne à hisser Chrystal derrière moi. Lauranne, elle, monte sur l'autre démonange. Nous sortons du volcan en volant. Je surveille Chrystal et j'espère que tout ira bien.

Il fait presque nuit lorsque nous arrivons près du grand temple. Une petite brise nous rafraîchit. Le bruit des ailes des démonanges qui battent l'air oblige Chrystal à crier pour que je la comprenne :

— Descends et arrête-toi !

Je tire sur le poil de mon démonange de façon à ce qu'elle plane vers le sol. Lauranne me regarde, intriguée. Je lui fais signe que je descends. Nous nous posons finalement au sol. Je pensais que Chrystal allait être malade, mais tout au contraire, elle descend du démonange et se met à marcher dans les fleurs en respirant à pleins poumons. Elle se tourne vers moi et demande si je veux bien venir marcher avec elle. Lauranne qui s'était aussi arrêtée nous observe. Je suis surpris de voir Chrystal, pourtant malade il y a quelques minutes, se lever aussi facilement, mais j'accepte tout de même sa proposition. Je descends à mon tour et je glisse ma main dans la sienne. Elle a repris un peu de couleur et semble aller mieux. Elle me dit :

— C'est étrange mais, quand je suis

avec toi, j'oublie mes malheurs. J'ai l'impression de me sentir mieux.

— Tu crois ?

— On dirait qu'il se passe quelque chose dans mon corps. Tu me tiens la main et j'ai l'impression que la vie renaît en moi.

Je lui souris, car je ne sais pas trop quoi lui dire. Lauranne, toujours sur sa démonange, nous regarde, un sourire au coin des lèvres. Elle a sûrement deviné où nous allons en venir. Ça me gêne que ma sœur me voit faire ça. Nous nous éloignons de façon à être hors de sa vue. Nous marchons silencieusement dans un sentier parmi les fleurs et la douce herbe verte. Une lueur rosée nous éclaire faiblement. Je commence à transpirer et mon cœur se met à battre plus vite à la seule pensée de ce que nous allons vivre dans les prochaines minutes. Depuis que j'ai rencontré Chrystal que j'y pense, mais je n'osais pas, craignant qu'elle refuse mes avances. Mais, maintenant, je crois que le moment est venu. Nous sommes derrière un arbre. Je tremble un peu. Je me tourne vers elle et je murmure :

— Tu sais, depuis que nous sommes amoureux, il y a quelque chose que je voulais faire, mais je n'ai pas osé.

— Je crois que nous pensons à la même chose.

Nous nous taisons et nous regardons droit dans les yeux. Nos deux têtes se rapprochent l'une de l'autre, nos bouches aussi... puis se rassemblent. Chrystal passe ses bras autour de mon cou et moi autour de sa taille. Pendant ce moment magique, j'ai l'impression que le temps s'arrête et un grand bien-être m'envahit. Après un long moment, elle se dégage et chuchote :

— De tous les trésors, l'amour est le plus précieux.

— Je suis bien d'accord.

À ces mots, l'énigme me revient en tête. Je regarde Chrystal, un sourire au coin des lèvres, et nous retournons, main dans la main, sur notre démonange.

En chemin vers le temple, je repense à l'énigme. Tous les morceaux ramassés commencent à s'emboîter. Chrystal a dit que l'amour est le plus précieux des trésors. Peut-être s'agirait-il du premier trésor... Il peut certainement guérir aussi puisque Chrystal se sent beaucoup mieux depuis que je suis revenu auprès d'elle. Le livre ne serait donc pas si important.

Nous parcourons rapidement le reste du

trajet puis nous arrivons au temple. Lorsque Chrystal veut ouvrir la porte, je la retiens.

— Laisse-moi l'ouvrir Philippe, me dit Chrystal.

— Non. Tu n'en as pas besoin.

— Voyons ! Comment peux-tu dire ça ?

— Crois-tu que si le bonheur était présent dans tous les cœurs les gens se porteraient mieux ? je demande en guise de réponse.

— Oui, sûrement.

— Regarde, toi par exemple, tu as le bonheur dans ton cœur et ton corps se porte mieux. Cela s'applique à tout. Le bien l'emporte toujours sur le mal. Si tu as du bonheur, tu ne penseras plus à tes problèmes. Voilà pourquoi je crois que tu n'as pas besoin du livre.

— C'est vrai que je me sens beaucoup mieux, me dit Chrystal.

— Je crois que la clé est à l'intérieur de nous. Nous avons tous la capacité de créer notre bonheur, et l'amour est le meilleur moyen pour y arriver.

Wow ! Je me surprends moi-même de ce que je viens de dire ! C'est sorti tout seul sans que j'y pense.

— Euréka ! J'ai trouvé !

— Tu as trouvé quoi ?

— La réponse de l'énigme. « Il y a deux trésors mais une seule clé. En toi est gravé le chemin qui permet d'y accéder. Une fois la clé trouvée, dans ton esprit, un trésor se sera effacé. »

Je me mets à marcher de long en large.

— Des deux trésors, le premier serait l'amour. Tu l'as toi-même dit, c'est le plus précieux des trésors. Lokla m'a aussi dit que l'amour est plus fort que tout ce que je peux m'imaginer.

Le second trésor serait le grand livre *Mémoire de notre Peuple*, car il est nécessaire à votre survie si vous n'avez pas découvert le premier trésor. Mais c'est un trésor en quelque sorte superflu, inutile.

– Est-ce que tu en es sûr ? m'interroge Chrystal.

– Puisqu'il n'y a qu'une seule clé, c'est qu'il n'y a qu'un seul vrai trésor. Regarde ce que j'ai pu accomplir avec la force du cœur !

La clé est à l'intérieur de nous-mêmes et l'amour est la meilleure façon d'y accéder. Quand les gens découvriront l'existence de cette clé du bonheur qu'est l'amour, ils ne seront plus menacés de disparition. Puisque le bonheur sera à leur portée, le livre deviendra inutile.

À la fin, Chrystal et Lauranne me félicitent. Puis Lauranne qui suivait mon explication avec intérêt depuis le début me demande :

— Mais le livre ? Qu'en ferons-nous ?

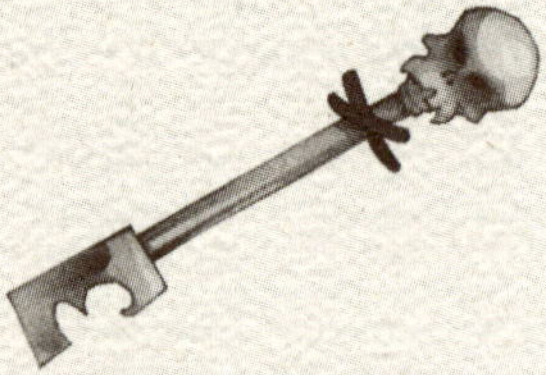

Le dénouement de la prophétie

Nous voilà au début de la nuit. Lauranne, Chrystal, tous les Erianigamiens ainsi que moi-même sommes assis autour d'un grand feu près du temple. Je me lève et j'explique l'énigme à tous. À la fin, ils applaudissent très fort et hurlent à tue-tête :

— Vive l'élu !

Je prends le livre *Mémoire de notre Peuple* que j'avais sorti du temple et je proclame bien fort :

— Maintenant, Mesdames et Messieurs, l'acte de délivrance !

Je m'approche du feu avec le livre et je commence à compter :

— Dix, neuf, huit...

Tous les Erianigamiens entonnent le décompte avec moi.

— ...trois, deux, un, zéro !

Je prends un élan, mais je m'arrête juste avant de le lancer. Mon regard se perd dans les flammes. Je pense :

— Est-ce vraiment la bonne décision ? Si je fais erreur, je vais tuer tout un peuple... et ma belle Chrystal...

Puis, dans le feu dansant, je distingue le visage de Naitsirk qui me montre le signe qu'il m'a fait lorsque je l'ai rencontré, tout à l'heure.

Les encouragements des Erianigamiens me ramènent à la réalité :

— Vas-y ! Lance le livre !

Je regarde une dernière fois les flammes, où mon ami Naitsirk me sourit. Je comprends finalement la signification de son signe ! Son poing signifie le mal et sa main par-dessus signifie le bien. Le poing est recouvert par la main. Ça veut donc dire que le bien l'emporte toujours sur le mal.

Convaincu, je lance le livre dans les flammes.

Tout le monde se met à hurler de joie. Je souris à Naitsirk qui me fait un clin d'œil avant de disparaître. J'embrasse Chrystal sur la joue.

La soirée se passe bien. Les Erianigamiens nous font découvrir leur musique folklorique. Je danse toute la nuit avec Chrystal. Je distingue du coin de l'œil Mico et Batarax qui m'observent. Je m'excuse auprès de Chrystal et je me dirige vers eux.

— Nous sommes très fiers de toi, Philippe. Tu as réussi ta mission. Tu as libéré le peuple des Erianigamiens. Nous t'en serons éternellement reconnaissants, déclare Batarax.

— Comment te sens-tu ? demande Mico.

— Vraiment bien. Mais pas à cause de ma popularité actuelle vis-à-vis des Erianigamiens.

— Ah non ? Pourquoi alors ? interroge Batarax.

— Je crois que le fait d'être heureux et de rendre les gens heureux est la plus belle victoire que l'on puisse imaginer.

— Tu es un bon gars ! Allez ! Retourne danser et profite de la fête, elle est en ton honneur. Lorsqu'elle sera terminée, reviens me voir, nous discuterons de votre retour au Canada.

— O.K. Merci !

Je retourne danser avec ma partenaire. Je cherche Lauranne des yeux et je l'aperçois qui parle avec un garçon. Je m'amuse beaucoup. Après quelques heures, les musiciens sont fatigués. Une femme prend la relève et raconte une légende qui nous transporte dans un monde fantastique. Lorsqu'elle termine, tout le monde retourne à son foyer pour se coucher. Je fais signe à Lauranne et à Chrystal de me suivre et nous nous dirigeons vers Mico et Batarax. Ils nous guident vers leur nouvelle résidence, étant donné que les pirates ont détruit le château. D'ailleurs, je me demande ce qu'il en est des pirates.

Découvriront-ils la force du cœur ? Sauront-ils l'utiliser à bon escient ? Ai-je réussi à leur faire comprendre quelque chose ? Je l'espère. Comme quoi chaque geste peut contribuer à changer le monde de façon positive ou négative.

Ma mission tire maintenant à sa fin. Je retourne au Canada. Chrystal est nerveuse, je le sens. Lauranne est soulagée. Quant à moi, je suis fatigué mais heureux. Nous marchons en silence, en pensant à nos parents que nous allons revoir. Chrystal, elle, essaie d'imaginer le Canada.

Batarax nous fait entrer dans sa luxueuse maison un peu plus petite que l'ancien château. Il nous emmène dans un douillet petit salon. Nous nous asseyons dans des fauteuils confortables. Il nous offre du thé que nous acceptons avec plaisir, car la température extérieure est assez fraîche. La couleur du thé est plutôt étrange, rose clair et à demi transparente avec de petites feuilles bleues dans le fond de la tasse. J'y goûte. C'est chaud et un peu sucré ! C'est très réconfortant. Nous buvons ce thé joyeusement, heureux de rentrer bientôt au Canada. Batarax nous félicite de cette victoire et il nous explique comment nous retournerons chez nous :

— On vous a certainement parlé de la prophétie.

— Oui, je réponds.

— Par contre, je ne crois pas que l'on vous ait raconté la fin. Vous auriez probablement été un peu plus excités. Il était écrit dans le grand livre que le tube d'air, formé par l'étiro, qui se déplace entre la première et la deuxième dimension, repassera à un endroit très précis dans la deuxième dimension, le jour de la victoire de l'élu. Si mes calculs sont exacts, le tube sera près de la forêt des Salmards dans exactement...

Il regarde quelque chose qui ressemble à un bout de bâton avec des petites lignes gravées à l'intérieur. C'est probablement une sorte de montre.

— ... cinquante-six minutes, continue-t-il. J'ai calculé la trajectoire du tube de vent, depuis le moment où il s'est formé, et je connais l'emplacement précis où il passera vous chercher. Maintenant, vite ! Il faut partir ! Venez ! Nous ne devons pas tarder si vous ne voulez pas le manquer.

Le retour

Nous sortons de la résidence. Mico a un grand manteau et une lanterne. Le vent s'est levé. J'entends Batarax crier pour couvrir le vent qui souffle de plus en plus fort :

— La tempête se lève ! Vite ! Le tube doit s'approcher !

Je dois baisser les yeux à cause de la force du vent. Nous essayons d'avancer le plus rapidement possible. Je frissonne malgré mon blouson de jeans bien attaché. Nous arrivons finalement dans la forêt. Le vent se transforme en bourrasques. Batarax nous devance pour rejoindre Mico. Il prend le bout de bois et le met sous la lanterne. Il se retourne et nous hurle :

— Quarante et une minutes !

Nous accélérons le pas. Les arbres se courbent de plus en plus. Batarax regarde régulièrement son bâton. Il ne cesse de nous crier :

— Trente-six minutes ! Vingt-trois minutes ! Dix-neuf minutes ! Treize minutes ! Sept minutes ! Vite !

Nous atteignons finalement l'endroit indiqué. Il regarde encore son bâton et hurle à gorge déployée :

— Deux minutes ! Allez vous placer derrière cet arbre. Oui, oui ! Celui-là !

Lauranne lui demande :

— Et nous reviendrons au Canada ?

— En fait, je ne sais pas, il était écrit

dans la prophétie que le tube viendrait chercher l'élu le jour de sa victoire.

— Quoi ?

— J'ai dit, il était écrit...

Il regarde encore son bâton :

— Trente secondes ! Vite ! Placez-vous !

Je crie à Mico et à Batarax :

— Au revoir et merci !

— Bonne chance ! hurle Batarax.

— Au revoir ! crie à son tour Mico.

Lauranne est très souriante, elle est heureuse que cette aventure finisse enfin. Chrystal est très nerveuse. Moi, je suis heureux et nerveux. Nous sommes là, tous les trois, à sourire bêtement et à envoyer des signes de la main. Batarax et Mico font de même. Finalement, nous apercevons au loin un immense tube qui ressemble un peu à une tornade mais qui n'a pas la forme d'un entonnoir mais plutôt celle d'un long rouleau. C'est la marque de l'étiro. Mon estomac se serre. Je ferme les yeux en tremblant. En voyant approcher le tube, nous formons un cercle en nous tenant par la main. Je risque un bref coup d'œil devant moi, mais je n'ai pas le temps de voir quoi que ce soit car je suis soulevé dans les airs et je me mets à tourner extrêmement vite. Je ferme les yeux très fort et je serre les dents pour ne pas vomir. La main de Chrystal me tient très fort. Le fait de tourner ainsi me fait perdre conscience.

Un coup sur ma tête me fait revenir à moi. Le bruit de vent auquel je m'étais habitué a cessé. J'ouvre les yeux et je me retrouve couché, dans mon salon, parmi les feuilles éparpillées et les meubles cassés. Je me redresse et m'aperçois que Lauranne et Chrystal aussi se réveillent. Chrystal demande :

— Ça y est ? On est arrivés ?

— Oui. Chrystal, bienvenue chez nous ! je déclare.

Lauranne regarde sa montre et dit :

— L'école finit dans 30 minutes et papa et maman seront de retour dans 45 minutes. Ça ne vaut pas la peine de retourner à l'école. Essayons de nettoyer un peu et, ensuite, nous parlerons de notre aventure avec papa et maman.

Nous nous exécutons. Nous n'arrivons pas à nettoyer grand-chose, mais au moins à ramasser toutes les feuilles éparpillées. Lorsque papa et maman reviennent, nous nous empressons de leur présenter Chrystal.

— Papa, maman, voici notre nouvelle amie, Chrystal. Chrystal, voici nos parents. Notre mère, Catherine, et notre père, Daniel.

Nous leur racontons toute notre aventure. À la fin du récit, il est environ 18 heures. Mes parents sont vraiment impressionnés. Ils nous servent ensuite le souper. Maman déclare à Chrystal :

— Je suis vraiment contente de rencontrer quelqu'un de mon monde !

— Et moi je suis très heureuse de découvrir le vôtre.

Et elles se mettent à parler de leur pays. Par la suite, maman et papa se mettent à nous raconter leur aventure en Erianigami lorsqu'ils étaient plus jeunes. Papa nous dit enfin :

— Il serait temps, je crois, d'aller vous

coucher. Demain, ce sera samedi. Nous pourrons donc faire visiter notre quartier à Chrystal et lui faire découvrir certains aspects de notre monde.

Nous allons dans nos chambres. Ce soir, Chrystal couchera sur un petit lit que nous lui avons préparé dans la chambre de Lauranne. J'éteins la lumière et je me glisse dans mon lit.

Je me remémore mon aventure. Mico, Batarax, Lokla, la force du cœur... Je souris. Je suis vraiment content de mes accomplissements. J'ai libéré tout un peuple et j'ai sauvé Chrystal... Cette aventure, parfois bien périlleuse, m'a toutefois fait réaliser de grandes choses. J'ai découvert la force de mon cœur. J'ai compris que le bonheur, c'est plus important que toute autre chose. J'ai connu l'amour pour la première fois en rencontrant Chrystal...

Et… j'ai… oh… que je suis fatigué…

À suivre…

Table des matières

Achevé d'imprimer au Canada
en février deux mille sept
sur les presses de Quebecor World Saint-Romuald